Ich begleite dich bis zum Regenbogen

Ich danke meinen Tieren & allen Tieren:

- ♥ für eure Begleitung
- ♥ für eure Hingabe
- ♥ für euer Vertrauen
- ♥ für das, was ihr mich & uns Menschen lehrt
- ♥ für eure Botschaften
- ♥ dass wir zusammen Grenzen überschreiten dürfen
- ♥ dass ihr mir & uns zeigt, wie wir über uns hinauswachsen können
- ♥ für den Sinn, den ihr unserem Leben geben könnt
- ♥ für eure Unterstützung, dass ich dieses Buch schreiben darf und kann

Sandra Lauber

Ich begleite dich bis zum Regenbogen

Sterbebegleitung für Tiere

Bibliografische Information der Deutschen Nationalbibliothek:
Die Deutsche Nationalbibliothek verzeichnet diese
Publikation in der Deutschen Nationalbibliografie;
detaillierte bibliografische Daten sind im Internet
über http://dnb.dnb.de abrufbar.

Herstellung und Verlag: BoD – Books on Demand,
Norderstedt

ISBN: 9783748 168508

Inhaltsverzeichnis

- ♥ Wie kann ich mein Tier in der akuten Sterbe-phase unterstützen
- ♥ Der richtige Zeitpunkt für eine Euthanasie
- ♥ Hat das Tier Angst zu sterben
- ♥ Was geschieht mit dem toten Körper

Der Tod

- ♥ Persönliche Erfahrung
- ♥ Was tun, wenn das Tier verstorben ist
- ♥ Tierkommunikation mit verstorbenen Tieren
- ♥ Letzter Gruss vom Regenbogen
- ♥ "Ich musste gehen, obwohl ich nicht bereit war"
- ♥ Schlusswort

Seit dem ich meine eigene Hündin in ihrem Sterbeprozess begleitet habe, liegt dieses Thema mir sehr am Herzen.

Eine andere Form zu sterben, kommt für mich nicht mehr in Frage. Nein, das heisst nicht, dass ich einem Tier die Euthanasie verweigern würde - wenn es das wünscht, oder diese sogar braucht! Nein.

Sterbebegleitung heisst für mich: die Wünsche des Tieres zu berücksichtigen und so weit möglich umzusetzen. Zu seinem höchsten Wohl entscheiden. Alternative Heilmethoden zur Unterstützung einsetzen.

Heute gibt es viele Instrumente, sprich Möglichkeiten, die uns die Chance geben, per Test herauszufinden, was die optimale Vorgehensweise für einen Klienten ist. Sei es für ein krankes und auch für ein sterbendes Tier. Dasselbe gilt übrigens für Menschen.

Ich arbeite in der Aura Technik mittels Tensor, die Kinesiologin arbeitet mit dem Muskeltest. Es gibt diverse Möglichkeiten.

Selbstbestimmung ist für mich essentiell. Ebenso für meine Tiere und gerne für alle Tiere. Ein idealer Start bietet hier die Tierkommunikation. So kann man die Wünsche des Tieres erfahren, welche Behandlungen will es, braucht es Hilfe beim Sterben - oder will und kann es ohne Hilfe des Tierarztes den Körper verlassen? Das sind sicher die wichtigsten Fragen.

Es geht dabei auch um Frauchen und Herrchen, denn auch sie dürfen sich mit dem nahenden Tod des Tieres auseinandersetzen. Angst hilft niemandem. Die

Augen davor verschliessen und das Thema ignorieren auch nicht.

Was hilft sind Vertrauen in den Prozess, das Annehmen und Umsetzen der Wünsche des Tieres, die Unterstützung vom Universum und den Engeln.

***

Es werden noch viel zu viele Tiere täglich und weltweit zu früh, zu schnell und oft auch grundlos eingeschläfert. Das muss thematisiert werden, denn Einschläfern ist nicht der natürliche Prozess, den Mutter Natur vorgesehen hat.

Gemäss Duden bedeutet der Begriff Euthanasie unter anderem folgendes:

- Erleichterung des Sterbens, besonders durch Schmerzlinderung mit Narkotika
- absichtliche Herbeiführung des Todes bei unheilbar Kranken durch Medikamente oder durch Abbruch der Behandlung

Was geschieht eigentlich bei einer Euthanasie: Im besten Fall bekommt das Tier zuerst ein Beruhigungs-/Betäubungsmittel gespritzt, bevor dann als zweite Injektion die Tötungsspritze gesetzt wird.

Nun, heute wird leider die "absichtliche Herbeiführung des Todes" auch bei Tieren gemacht, die dem Menschen lästig werden und zu viel Mühe machen, oder plötzlich finanziell nicht mehr tragbar sind. Vielleicht hat das Tier eine Krankheit und die Behandlung würde das Budget der Familie sprengen. Da gibt es

Menschen und Tierärzte, die ein solches Tier einschläfern. Nicht, weil es ohne Heilungschancen ist - sondern weil es sich nicht "lohnt".

Oder wie sieht es in vielen Ländern dieser Welt (ja, auch in Europa) in den Tierheimen - oder besser gesagt in den sogenannten Tötungen aus? Wenn ein heimatloses Tier nicht innert weniger Tage wieder ein neues Zuhause gefunden hat, wird es eingeschläfert. Egal ob es noch ein Welpe ist, oder ein älteres Tier. Ob es gesund ist oder krank.

Vielleicht schlägt auch der Tierarzt eine Euthanasie vor, weil er keine weitere Behandlungsmöglichkeit sieht, weil es keine klare Diagnose gibt. Manchmal werden die Tierhalter auch dazu gedrängt, und sie willigen ein, ohne sich das wirklich noch zu überlegen. Sie fahren mit einem kranken Tier zum Tierarzt und kommen abends nach Hause, um der Familie mitzuteilen, dass das Tier eingeschläfert wurde. Keine Möglichkeit des Abschieds, weder für das Tier noch den Menschen. Kein in-sich-hinein-spüren, ob das wirklich die richtige Wahl ist, oder ob es vielleicht eine andere Möglichkeit gibt.

Ja, es gibt viele Gründe, warum Tiere heute eingeschläfert werden. Viele davon sind unhaltbar. Das muss aufhören!

Ja, natürlich gibt es Gründe, dass ein Tier eingeschläfert werden muss. Wenn es zu krank ist, die Schmerzen zu gross. Aber das darf doch wohl der einzige Grund sein, eine Euthanasie vorzunehmen. Oder wie denken Sie darüber?

Als ich die Idee zu diesem Buch hatte - habe ich bei Facebook auf meiner Fan Seite und auf meinem privaten Profil mehrere Aufrufe gestartet - um Vorschläge für Fragen an ein sterbendes Tier zu erhalten. Obwohl mehreren hundert Personen die Beiträge gezeigt wurde - hat sich nur Jacqueline bei mir gemeldet. Vielen Dank dafür, Jacqueline :-)

Liegt es daran, dass die Menschen sich einfach nicht für das Thema Sterbebegleitung für Tiere interessieren? Habe ich in meinem Newsfeed nicht die richtige Zielgruppe? Oder haben die Menschen Angst vor diesem Thema? Angst vor dem Tod, Angst vor dem Sterben? Weil sie es nicht anders kennen. Weil es einfacher ist, die Augen davor zu schliessen, sich nicht damit zu befassen: frei nach dem Motto, die Hände vor die Augen legen und denken "wenn ich dich nicht sehe, siehst du mich auch nicht"?

Es ist mein Wunsch, dass sich die Menschen ein neues Bild vom Sterben und dem Tod machen. Dass sie diesen Prozess als das sehen, was es ist: das Verlassen einer Form, denn die Energie bleibt.

Je besser Frauchen und Herrchen über das Sterben und den Tod Bescheid wissen, desto besser können sie ihr Tier in diesem Prozess auch unterstützen. Es ist unser Ziel, dem Tier in seinem Sterben die optimale Unterstützung zukommen zu lassen. Es geht um die Wünsche des Tieres. Die wollen wir umsetzen. Möchten wir nicht auch, dass unsere Wünsche auf dem Sterbebett noch umgesetzt werden? Und genau das verdienen auch unsere Tiere.

Noch immer werden Tiere viel zu früh und zu schnell eingeschläfert. Weil es keine Aussichten auf Heilung gibt. Weil es dem Menschen einfach zu viel wird. Weil der Mensch meint - das Tier hätte keine Lebensqualität mehr. Weil es andere auch so machen.

Hier heisst es aber: Aufpassen! Denn oft hinterlässt dieses schnelle Einschläfern einen sehr faden und lang anhaltenden, schalen Nachgeschmack. War es richtig? War es zu früh? Wie hat sich das Tier gefühlt? Es haben sich nicht alle Familienmitglieder richtig verabschieden können etc.

Darum rate ich von Herzen: Fragen Sie Ihr Tier! Dann sind Sie auf dem richtigen Weg. Wenn Sie dem Wunsch Ihres Tieres entsprechen und darauf vertrauen - dann gibt es kein Zweifeln mehr. Dann spüren Sie tief in Ihrem Herzen: es "stimmt" so. Dann lassen Sie sich führen.

Und es gibt auch eine gute Nachricht: Wenn Ihr Tier eine Euthanasie wünscht oder braucht - kann auch hier der richtige Zeitpunkt eruiert werden. Wieder mit Tensor, Muskeltest etc. Dann stimmt es für das Tier. Und wenn Sie spüren, dass das Tier bereit ist - dann sind Sie es auch.

Wenn das Tier seine Aufgaben erfüllt hat, und sein Leben auf natürliche Weise zu einem Ende gekommen ist - dann wissen Sie: es ist richtig so, wie es ist. Sie spüren es tief in Ihrem Herzen. Denn da ist neben der Trauer und den Tränen ein tiefer Friede. Ein intuitives Wissen, dass es das Beste für das Tier ist.

Welch grösseres Geschenk könnte man seinem treuen Gefährten machen?

"Ich begleite dich bis zum Regenbogen".....

Nein! Es ist nicht einfach. Es kann auf verschiedenen Ebenen herausfordernd sein.

Vielleicht schlafen Sie im akuten Sterbeprozess Ihres Tieres nicht mehr gut oder ruhig. Weil Sie mit einem Ohr immer hinhören wollen, was das Tier macht. Die Tiere können einen sehr unruhigen Schlaf haben, oder nachts in der Wohnung herumlaufen (planlos). Vielleicht ist ihr Seh- und Hörvermögen oder anderes eingeschränkt. Vielleicht ist das Tier einfach unruhig, kann sich nicht mehr gut orientieren oder ähnliches. Dann wollen Sie auf jede Bewegung des Tieres hören.

Vielleicht ist das Tier unpässlich, kann Kot oder Urin nicht mehr immer kontrolliert abgeben. Je nachdem, wie gut es die Kontrolle hat - müssen Sie öfters mit dem Hund raus, oder das Kistchen der Katze muss öfters gereinigt, der Boden feucht aufgewischt werden. Es kann mehr Wäsche geben etc.

Der gesamte Sterbeprozess kann ein emotionales Auf und Ab sein. Manchmal denken Sie, das Tier hat sich erholt und es sich anders überlegt. Sie sind himmelhochjauchzend, weil das Tier sich zeigt wie früher. Dann wieder ist das Tier sehr ruhig, in sich gekehrt, nichts scheint mehr so wie früher zu sein. Dann kommt wieder die Angst - wann ist es soweit. Machen Sie alles richtig?

Sie wollen für Ihr Tier stark sein. Dabei sind Sie ja auch nur ein Mensch und fürchten sich vor dem Verlust. Können nicht einfach so loslassen. Zweifeln an Ihrer Entscheidung. Das kann zu einer emotionalen Achterbahn führen.

Und auch auf der spirituellen Ebene ist eine Entwicklung möglich. Denn vielleicht gelingt es Ihnen, durch die Zusammenarbeit mit den feinstofflichen Wesen wie Engeln, Krafttieren etc. diesen Kontakt zur geistigen Welt wieder bewusst in Ihr Leben zu ziehen. Den Kontakt überhaupt zu finden, oder ihn wieder zu intensivieren.

Auch das Sterben und der Tod Ihres Tieres kann ein neues Feld in Ihrem Bewusstsein öffnen.

Nein, es ist kein Kindergeburtstag sein Tier bis zum Regenbogen zu begleiten. Aber ich kann Ihnen sagen: Es lohnt sich! Es lohnt sich auf jeden Fall. Es wird Ihre Verbindung noch stärken. Ihr Vertrauen vergrössern, und Sie werden am Ende die tiefe Liebe und den wunderbaren Frieden spüren. Dann wissen Sie, es hat sich gelohnt!

Sie merken, dass mit Ihrem Tier etwas nicht stimmt. Es verliert an Lebensenergie. Ist vielleicht krank und in tierärztlicher Behandlung. Vielleicht hat der Tierarzt Sie auch schon darauf angesprochen, dass es keine weiteren Möglichkeiten der Behandlung mehr gibt. Er schlägt eine Euthanasie vor, vielleicht auch, weil er mit seinem Latein am Ende ist.

Alles in Ihnen sträubt sich (hoffentlich). Sie erbitten sich Bedenkzeit (hoffentlich).

Jetzt haben Sie die Möglichkeiten, eine Tierkommunikation in Auftrag zu geben. So können Sie herausfinden, was das Tier möchte. Wie Sie es unterstützen können. Was zu tun ist. Mit diesem Leitfaden sind Sie auf dem richtigen Weg.

Hier kommen ein paar mögliche Fragen:
- ♥ Was erwartet das Tier?
- ♥ Will es sich noch behandeln lassen? Vom Tierarzt oder mit alternativen Heilmethoden?
- ♥ Will es weiterkämpfen, auch wenn der Mensch meint, dass das Tier keine Kraft mehr hat?
- ♥ Welche Lebensqualität hat das Tier?
- ♥ Gibt es noch etwas, was das Tier "erledigen" möchte?
- ♥ Wie stellt sich das Tier die Zeit vor dem Ableben vor?
- ♥ Hat das Tier noch einen Wunsch?
- ♥ Was kann der Mensch dem Tier noch Gutes tun?
- ♥ Will es noch Menschen sehen oder Orte besuchen, um Abschied zu nehmen?
- ♥ Braucht das Tier zum Sterben die Hilfe vom Tierarzt (Euthanasie), oder will und kann es den Körper auf natürlichem Weg verlassen?
- ♥ Konnte das Tier seine Lebensaufgabe erfüllen?
- ♥ Was möchte das Tier Ihnen noch mitteilen?
- ♥ Was soll mit dem toten Körper passieren? Hat das Tier einen Vorschlag?

Tipp: Lassen Sie sich ein schriftliches Protokoll zukommen, oder machen Sie sich selber Notizen. Das ist hilfreich, wenn Sie die Informationen und Botschaft später nochmals nachlesen möchten.

***

Nun, die Antworten Ihres Tieres sind klar und können auch ernüchternd sein. Ihr Tier teilt Ihnen nämlich mit, dass es tatsächlich in absehbarer Zeit sterben wird.

Dieses Protokoll kann Ihnen den Boden unter den Füssen wegziehen und wie ein Faustschlag in den Magen vorkommen.

Jetzt haben Sie zwei Möglichkeiten: Sie werden von Ihrer Angst übermannt und gehen in den Widerstand. Sie widersetzen sich den Wünschen Ihres Tieres, zweifeln an der Echtheit der Kommunikation, ziehen andere Tierärzte und Experten bei. Und schlussendlich findet sich das sterbende Tier in einem energieraubenden Zyklus von nicht enden wollenden Untersuchungen, Behandlungen, Frust, Schmerzen etc. wieder. Der Mensch übrigens auch. Geholfen wird dem Tier so nicht, und Ihnen übrigens auch nicht.

Oder Sie nehmen die Botschaft an: Nehmen sich die nötige Zeit, um den Schock zu überwinden, und suchen dann nach Lösungen, die dem Wunsch Ihres Tieres entsprechen.

Aura Technik & Aura Chirurgie für Ihr Tier - Energetische Unterstützung

Ich beschreibe hier meine Erfahrungen mit der Aura Therapie. Andere Energie-Behandlungen bieten natürlich ähnliche oder gleiche Möglichkeiten.

Eine optimale energetische Unterstützung für Ihr Tier ist nicht nur nötig, wenn es im Sterben liegt. Das darf auch schon viel früher geschehen. Es ist immer gut, wenn ein Tier und gleichzeitig auch sein Mensch energetisch gut aufgestellt sind.

Ich biete Fern Behandlungen an. So kann Ihr Tier in seiner gewohnten Umgebung bleiben, Sie profitieren von einer Zeitersparnis, da die An- und Rückfahrt wegfällt, wir können zusammen arbeiten, auch wenn Sie nicht in der näheren Umgebung von mir sind. Die Fern Behandlung wird zu einem vereinbarten Zeitpunkt durchgeführt.

Während einer Krankheit oder bei Beschwerden kann ich dem Tier mit Aura Behandlungen helfen. Dafür verweise ich gerne auf meine Seite, wo Sie detaillierte Informationen zur Aura Technik und Aura Chirurgie für Tiere finden: **www.sandra-lauber.ch**

Die Aura Technik ermöglicht übrigens während dem gesamten Sterbeprozess - der mehrere Wochen oder sogar Monate betragen kann - eine ganzheitliche Betreuung Ihres Tieres.

In der Aura Behandlung setze ich mich mit dem höheren Selbst des Tieres in Verbindung und werde so zum höchsten Wohl des Tieres durch die Behandlung geführt. Es wird also immer nur die Methode angewandt, die zum höchsten Wohl des Tieres ist. Nicht ich bestimme, wie wir arbeiten, sondern als Therapeu-

17

tin bekomme ich die Anweisungen. Das ermöglicht mir auch, dass ich z.B. immer die optimalen Hilfsmittel ins Feld einschwingen kann: Bachblüten, Aura Soma, Affirmationen, Schüsslersalze, Heilsteine, Krafttiere etc. Das ist sehr wirkungsvoll. Ich suche also nicht anhand von Symptomen nach dem perfekten Hilfsmittel, sondern bekomme treffsicher das Optimale für das Tier.

Ebenso kann ich genau herausfinden, wann die nächste Behandlung empfohlen wird bzw. nötig ist, und ob überhaupt eine Behandlung gebraucht wird.

Sehr wertvoll ist auch die Möglichkeit, dass der optimale Zeitpunkt für eine Euthanasie (falls das Tier das so wünscht und braucht) ermittelt werden kann.

Im akuten Sterbeprozess werden meist keine "vollständigen" Behandlungen in dem Sinn mehr gebraucht - es sind nur kurze Sequenzen, Notfalltechniken, Einschwingen von Energien etc. Das kann das sterbende Tier energetisch noch harmonisieren. Das hilft, in jedem Fall.

So steht natürlich auch dem Menschen diese Möglichkeit offen. Denn es ist optimal, wenn der Mensch im Sterbeprozess des Tieres so viel Kraft und Klarheit wie möglich besitzt. Um sein Tier bestmöglich zu unterstützen und bis zum Regenbogen zu begleiten.

Natürlich dient die energetische Unterstützung in Form von Aura Technik oder Aura Chirurgie nicht als Ersatz für die tierärztliche Betreuung, sondern als deren Unterstützung.

Sie dürfen jederzeit den Schutz- oder Seelen-Engel Ihres Tieres um Hilfe, Schutz und Unterstützung bitten. Auch Erzengel Michael ist immer sehr gerne bereit, Ihr Tier zu unterstützen und zu schützen. Erzengel Michael hat ein grosses Schwert, mit dem er unter anderem negative Energien, Verstrickungen etc. jetzt und für immer durchtrennen kann. Michael ist ein grosser Beschützer.

Auch alle anderen Engel stehen bereit und warten darauf, dass wir sie rufen.

Sie können das machen, indem Sie es sich vorstellen, oder für sich leise oder laut sagen, oder daran denken. Und schon ist es so.

Sehr effektiv unterstützen können Sie Ihr Tier, in dem Sie es in Licht hüllen. Stellen Sie sich vor, wie Ihr Tier in einem weissen und/oder grünen Licht in Form einer Kugel, eines Kegels oder ähnlichem steht. Das weisse Licht steht für Schutz, das grüne Licht für Heilung. Einfach vorstellen oder aussprechen, und schon ist es so.

Ich stelle mir auch sehr gerne vor, wie mein Tier unter einer Regenbogen-Dusche steht. Ich bitte darum, dass meinem Tier durch die bunten Farben des Regenbogens alle negativen und niederen Energien, und alles was gehen darf, jetzt abgewaschen wird. So kann ich das Tier auch energetisch reinigen und neu mit guter und wohltuender Energie auffüllen.

Zünden Sie eine Kerze an für Ihr Tier. Es hilft. Auch während dem Sterbeprozess darf immer eine Kerze brennen - für mich stellt es automatisch eine Einladung an die Engel dar, dass Sie willkommen sind.

Gebete

Erzengel Raphael ist der richtige und wichtigste Ansprechpartner, neben dem Seelen-/Schutz-Engel Ihres Tieres, wenn das Tier krank ist, und Sie um Unterstützung und Heilung bitten wollen.

Lieber Gott,
Ich bitte dich, den Erzengel Raphael und die Heilungsengel, mein Haustier *Name* mit eurer heilenden Liebesenergie zu umgeben.
Helft bitte meinem Haustier *Name* und mir, Frieden zu spüren, so dass eine Heilung möglich wird.
Lieber Gott,
im Wissen, das in deinen Augen alles, was existiert, bereits geheilt ist, bitte ich dich:
Schicke uns ein Wunder.
Schenke mir und meinem Haustier *Name* Glauben und Zuversicht, damit wir im Hier und Jetzt das Wirken deiner Liebe in meinem Haustier *Name* und mir spüren können.
Danke.

Quelle: Doreen Virtue "Die Heilkraft der Engel"

Buchtipps

"Tiere erzählen vom Tod" von Penelope Smith,
ISBN 978-3-926388-76-6

"Hundeseelenallein" von Martina Nitsche,
IBSN 978-3-745060140

Tipp an den Menschen, der verlassen werden wird

Teilen Sie Ihre Gedanken, Ängste, Zweifel, Hoffnungen, Absichten, Wünsche und alles mehr mit Menschen, denen Sie vertrauen. Menschen, die Sie verstehen.

Distanzieren Sie sich von Menschen, die alles besser wissen (wollen). Die Sie verurteilen oder ach so tolle Ratschläge geben wollen. Menschen, die Sie nicht verstehen können oder wollen.

Sie alleine kennen die Wahrheit in Ihrem Herzen. Sie spüren, was Sie tun wollen und können. Was Sie schaffen. Vertrauen Sie Ihrer Intuition. Hören Sie auf Ihr Herz.

Sie haben jetzt die Möglichkeit, sich auf das Sterben zusammen mit Ihrem Tier vorzubereiten. Sie können in Ruhe Abschied nehmen.

Sie setzen die Wünsche Ihres Tieres um: Vielleicht will es noch einen Ausflug unternehmen, an einen Ort, wo es gerne war. Vielleicht will es noch Freunde einladen (menschliche und tierische), um Abschied zu nehmen. Oder Sie möchten für Ihr Tier eine Abschieds-Party machen?

Sie werden sich vielleicht über den Vorschlag einer Party wundern - aber glauben Sie mir: viele Tiere fordern uns auf, das Leben zu lieben, das Leben zu feiern.

Sie können noch Fotos und Videos machen, neue Erinnerungen schaffen, sich an gemeinsame Erlebnisse erinnern.

Gönnen Sie sich viel Ruhe, Ihnen und Ihrem Tier. Nehmen Sie sich Zeit für den Abschied. Jetzt können Sie Ihrem Tier noch von vergangenen, gemeinsam erlebten Abenteuern erzählen. Sie können Ihr Tier jetzt auch um Vergebung bitten, falls es etwas zu entschuldigen gibt (gibt es das nicht immer?)

Es ist eine emotional sehr intensive Zeit. Ebenso kann es eine körperlich anstrengende Zeit sein, denn oft sind sterbende Tiere auch körperlich und emotional anspruchsvoller - was einen Mehraufwand an Betreuung und Zeit bedeuten kann.

Ich rate Ihnen: tun Sie es. Nehmen Sie sich die Zeit. Tragen Sie das Tier die Treppe hoch. Bringen Sie den Wassernapf ans Körbchen. Legen Sie eine extra warme Decke ins Bettchen.

Wenn das Tier jetzt mehr Nähe wünscht, geben Sie sie ihm. Wenn es sich zurückzieht, dann nehmen Sie auch das hin. Ohne Klagen.

Lesen Sie Ihrem Tier jeden Wunsch von den Augen ab. Jetzt ist auch nicht mehr Zeit, um auf Leckerli zu verzichten. Geben Sie dem Tier sein Lieblingsessen, die Lieblings-Leckerli. Was spielt es noch für eine Rolle?

Stellen Sie sich immer wieder vor, dass Sie an der Stelle Ihres Tieres sind - was würden Sie sich noch wünschen, was möchten Sie noch machen, welche Betreuung wäre Ihnen wichtig? In Ihren letzten Tagen pfeifen Sie auf eine gute Figur, auf zu viel Leckereien. Es gibt kein Zurück mehr. Nur noch den Moment geniessen.

Für das Tier ist es sehr wichtig, dass Sie als Mensch und Familie bereit sind, das Tier seinen Weg gehen zu lassen. Es loszulassen für seine letzte grosse Reise. Es so gut es geht zu unterstützen, und den eigenen Schmerz hinten anzustellen.

Darum ist das Abschied-Nehmen für mich so essentiell, damit Sie sich mit dem Schmerz auseinander setzen können.

Wenn Sie so weit sind, sagen Sie auch dem Tier, dass es gehen darf. Dass es loslassen darf, wenn es bereit. Dass Sie es unterstützen. Dass es ok ist. Dass es geliebt wird. Und dass es erwartet wird.

Das wird Ihr Tier ungemein in seinem Sterbeprozess unterstützen, wenn es weiss, dass es nicht bleiben muss - seinen Tod nicht hinauszögern muss, sondern gehen darf, wenn die Seele bereit ist.

Das Sterben ist ein genauso natürlicher Prozess wie die Geburt.

Sterben ist individuell und braucht Zeit. Man kann keine Zeitangaben machen, sondern sich zusammen mit dem Tier einfach der "Welle des Lebens" hingeben. Alles ist richtig. Nichts ist falsch.

Die Euthanasie, sprich das "Einschläfern" ist NICHT das natürliche Vorgehen. Sondern der natürliche Sterbeprozess ist es, was die Natur vorgesehen hat.

Es ist wichtig, dass diese Art des Sterbens für Tiere, nämlich der natürliche Vorgang, wieder vermehrt in das Bewusstsein von uns Menschen kommt. Dass darüber gesprochen wird. Dass der Tierbesitzer darüber nachdenkt und sich überlegt, ob er/sie das seinem Tier ermöglichen will/kann.

Ein Tier durchlebt wie der Mensch verschiedene Sterbe-Phasen. Dabei muss sich der Körper auflösen, damit die Seele frei wird und sich leicht lösen kann.

Diesen natürlichen Sterbeprozess zu begleiten und zu durchleben, ist sowohl für das Tier als auch für den Menschen sehr wichtig. Es ist ein wichtiger letzter Prozess für die Seele des Tieres, seine Aufgabe in dem Körper endgültig zu erledigen.

Sein Tier in seinem natürlichen Sterbe-Prozess zu begleiten ist emotional herausfordernd und auch zutiefst bereichernd. Und es kann Ihnen sogar ein wenig den Schrecken vor dem Tod nehmen. Denn der letzte Atemzug und das endgültige Loslassen sind ein Moment von tiefem Frieden.

Sterbephasen nach der traditionellen chinesischen Medizin

Um die Sterbebegleitung besser zu verstehen, ist es wichtig, die Sterbephasen gemäss der chinesischen Medizin zu kennen.

Ich kann Ihnen hier den Artikel von Dr. med.vet. Katharina Keller, Tierärztin, Akupunktur TCVM empfehlen: "wenn Tiere gehen" auf www.tierklinikrhenus.ch *(Stand Quelle Oktober 2018, Änderungen vorbehalten)*

Was geschieht, wenn die Elemente in einander übergehen? Wenn Erde zu Wasser zu Feuer zu Luft zu Äther wird? Wie zeigt sich das beim Tier, wie sehen die einzelnen Sterbephasen aus?

Jede dieser Sterbephasen kann unterschiedlich lange dauern, aber jedes sterbende Tier durchlebt jede der Sterbephasen.

Für mich persönlich war diese Erkenntnis am wichtigsten: dass sich der Körper zuerst auflösen muss, bevor die Seele bereit ist, den Körper zu verlassen. Erst dann ist der natürliche Sterbeprozess erfüllt.

Im Sterben geben nach und nach die Organfunktionen auf, der Stoffwechsel wird eingestellt, die Atem- und Herztätigkeiten und schliesslich die Hirnströme kommen zum Erliegen.

Einfach erklärt bedeutet dies: dass der Körper seine letzten Energiereserven aufbrauchen muss, bevor der natürliche Tod eintreten kann.

Das Tier nimmt weniger oder gar keine Nahrung mehr zu sich, trinkt weniger - aber es kann ebenso auch bis zum Schluss essen & trinken. Man kann beobachten, dass das Tier während dem Sterbeprozess

körperlich abbaut, es verliert an Gewicht, Lebensenergie, Lebensfreude.

Frühere Gewohnheiten werden aufgegeben, es
kann öfters zu Jammern, Orientierungslosigkeit etc.
kommen.

Es gibt ganz viele verschiedene Anzeichen. Und
sie alle sind richtig und gehören zum Sterben dazu.

Es gibt kein allgemein gültiges Verhalten, Sterben
ist individuell.

Übrigens deuten nicht alle Laut-Äusserungen auf
Schmerzen hin. Oft kann es auch sein, dass das Tier
seine Ungeduld zeigen will, oder eine neue Gewohn-
heit hat. Ältere Tiere können auf einmal ständig "Töne
von sich geben", auch wenn sie früher immer sehr
ruhig waren.

Der Zeitraum von der Nachricht eines bevorstehenden Sterbens bis zum eigentlichen Tod kann sehr unterschiedlich sein.

Es ist gut möglich, dass sich die erste Phase des Sterbens, d.h. des körperlichen Abbaus über mehrere Monate hinweg zieht. Es gibt immer wieder Hochs und Tiefs. Akute Situationen, in denen Herrchen meint - jetzt ist es soweit. Und dann wieder Erholungen und quickfidele Momente, in denen sich Frauchen einreden mag, es wäre die vollständige Genesung, und den Gedanken an das Sterben könne man getrost ad acta legen. Das ist aber ein Trugschluss. Während des Sterbeprozesses gibt es immer wieder verschiedene Phasen mit Wellen-Spitzen und -Tälern. Es gehört dazu.

Jedes Lebewesen stirbt auf seine Weise. Es gibt keinen Fahrplan.

Wie kann ich mein Tier in der akuten Sterbephase unterstützen?

Wenn das Tier im akuten Sterbeprozess ist (wenige Tage oder Stunden vor dem Eintreten des Todes), kann es von einem Therapeuten regelmässig (auch über Fern Behandlung) betreut werden. Das lege ich Ihnen wirklich ans Herz. Profitieren sie von Fern Behandlungen, so kann das Tier in seiner gewohnten Umgebung bleiben. Vermeiden Sie allen Stress und jede Aufregung für das Tier.

Schauen Sie auf die kleinen Zeichen, die Ihr Tier Ihnen gibt. Manchmal kann man bei sterbenden Tieren einen körperlichen und emotionalen Rückzug beobachten. Das Tier verabschiedet sich Stück für Stück. Es ist gut und wichtig, dass Sie dies akzeptieren.

Vielleicht braucht Ihr Tier jetzt aber auch Nähe und Geborgenheit? Stellen Sie Ihren Terminkalender um, nehmen Sie sich Zeit. Sie werden froh sein.

Und wenn das baldige Ableben des Tieres naht - Sie werden es spüren - dass es sich nur noch um Stunden handelt: Dann nehmen Sie sich ruhig einen Tag oder zwei frei. Klingt unverschämt? Nein - Sie werden dafür dankbar sein, wenn Sie bei seinem letzten Atemzug dabei sind.

Natürlich gibt es auch Tiere, die im Moment des Sterbens alleine sein wollen. Die Tiere können das so steuern. Vielleicht wollen Sie einfach absolute Ruhe. Oder sie wollen es dem Menschen ersparen. Es kann viele Gründe geben. Wenn das Tier es so will - dann wird es genau in dem Moment sterben, wenn Sie gerade für 2 Minuten weg sind, um sich einen Kaffee zu kochen, die Post zu holen, zur Toilette gehen.

Immer wieder höre ich auch von Tieren, die auf dem Weg zum Tierarzt, oder Minuten bevor die Menschen losfahren wollten, gestorben sind. Sie wollen ohne Hilfe vom Tierarzt gehen, den natürlichen Sterbeprozess durchlaufen - und gehen, bevor der Tierarzt eingreifen kann.

Genau das selbe kann übrigens bei Menschen beobachtet werden.

Akzeptieren Sie auch das. Nehmen Sie es dem Tier nicht übel - es war das Beste so. Trotzdem werden Sie froh und dankbar sein, dass Sie das Menschenmögliche gemacht haben. So werden Sie mit freiem Herzen Abschied nehmen können.

Wenn das Tier eine Euthanasie wünscht oder braucht - wann ist der richtige Zeitpunkt?

Es ist nicht allen Menschen möglich, ihr Tier durch den natürlichen Sterbeprozess zu begleiten. Sie fühlen sich überfordert, oder das Tier hat grosse Schmerzen, es ist zu krank etc.

Ebenso kann es natürlich die Entscheidung des Tieres sein, dass es eine Euthanasie will oder braucht.

In diesem Fall ist es sehr wichtig, den richtigen Zeitpunkt für die Euthanasie beim Tierarzt zu wählen. Der optimale Zeitpunkt kann eindeutig ermittelt werden mit dem Tensor aus der Aura Technik.

Wenn das Tier zum Sterben noch nicht bereit ist, wehrt sich der Körper gegen den Tod. Es kann zu einem Todeskampf kommen, zu lauten Schmerzäusserungen, Krämpfen etc. Das wünscht sich kein Mensch für sein Tier.

Denn mit der Euthanasie wird vom Menschen in den Prozess eingegriffen. Der natürliche Sterbeprozess wird unterbrochen.

Hat das Tier Angst zu sterben?

Die meisten Tiere gehen ganz anders mit dem Sterben um, als wir Menschen. Sie wissen, wann es Zeit wird, Abschied zu nehmen. Wenn der Mensch das Tier bestmöglich unterstützt, hat das Tier keine Angst zu sterben.

Im akuten Sterbeprozess verlässt die Seele auch manchmal oder immer wieder für kurze Zeit den Körper. Es ist, als sähe sie sich in ihrer neuen Umgebung, der geistigen Welt, um. In dieser Zeit wird das Tier sehr oft auch von denen vorbereitet, die auf das Tier warten. Das können Engel sein, Feen, Elfen, Krafttiere, Seelen von Verstorbenen - alle, die mit dem Tier in enger Verbindung standen.

Ich sehe das Bild vor mir, dass alle diese Begleiter das Tier kurz vor seinem Sterben ihr ihre Mitte nehmen und drum herum tanzen. Ein verstorbenes Tier hat dies "den heiligen Kreis" genannt.

Auch wenn das Tier dann seine Reise über den Regenbogen antritt, ist es nie allein.

Die meisten Tiere beschreiben den Moment so: Dass alle da sind: Engel, Feen, Elfen, Krafttiere, Naturgeister und viele andere Helfer. Sie alle stehen bereit und sind für das sterbende Tier sichtbar und fühlbar. Oft beschreiben die Tiere es so, dass diese Wesen Spalier stehen. Und dass das sterbende Tier hoch erhobenen Hauptes, glücklich und sehr geliebt durch diesen Spalier hindurch schreitet. Getragen von der unendlich tiefen Liebe.

Der letzte Gang, der Weg über den Regenbogen ist also begleitet von purer Liebe - ist das nicht fantastisch, wenn man so begleitet und empfangen wird? Wie kann man da Angst haben?

Das eigentliche Ankommen im Land hinter dem Regenbogen wird dann als grosses Fest beschrieben. Manche bekannte Seelen und Wesen erwarten das Tier erst da. Es gibt ein grosses Fest zu Ehren des Neu-Ankömmlings. Und immer erzählen die Tiere von tiefer Liebe und tiefem Frieden. Sie sagen, dass "da oben" niemand alleine ist. Dass alle gleich sind und als harmonische Gemeinschaft leben.

Dass sich oben nicht Hund Foxi, Katze Lulu oder Wellensittich Astor begegnen. Nein, "Bekannte" erkennen sich an ihrer Energie. Denn in Wirklichkeit ist es ja auch nur eine Energie. Denn die Tiere haben den Körper bei ihrem Tod hier zurück gelassen.

Es ist ein Trost für den Menschen, dass der geliebte Familienhund dort mit dem verstorbenen Grossvater spielt und kuschelt. Und das darf auch sein, diese Vorstellung. Sie schadet niemandem.

Der Tod ist für viele Menschen noch mit Angst behaftet. Aber im Grunde genommen ist er nichts anderes als ein Heimkommen. Als eine Veränderung der Dichte. Denn Energie ist immer.

Überlegen Sie sich jetzt schon: Was geschieht mit dem toten Körper?

Es ist jetzt an der Zeit, sich darüber Gedanken zu machen, was mit dem toten Körper Ihres Tieres geschehen soll. Kremation, Tier-Kadaverstelle? Ich rate Ihnen, sich diese Gedanken zu gegebener Zeit zu machen, also während das Tier noch lebt. Dann haben Sie das in der Zeit der Trauer geklärt.

Wie Sie sich auch entscheiden, informieren Sie sich am besten schon vorher über das Vorgehen, die Möglichkeiten, die Kosten, die Kontaktpersonen etc. Sie werden froh sein, wenn Sie das schon entschieden haben.

Ich hatte bisher die Chance, zwei meiner Hündinnen bis zum Regenbogen zu begleiten. Linda mit 16.5 Jahren und Annie mit 13.5 Jahren.

Es wird auch beim zweiten Mal nicht leichter, obwohl man sich besser auskennt. Aber der Schmerz wird dadurch nicht weniger. Und es gibt keine Muster, wie es abläuft. Denn jedes Tier stirbt in seinem Rhythmus und auf seine Weise.

Sterben ist individuell, quasi massgeschneidert.

Meine erste Sterbebegleitung hat mich zutiefst berührt, mich in meinen Grundfesten erschüttert. Mein Weltbild verändert.

Auch die Sterbebegleitung meiner zweiten Hündin hat mich emotional umgehauen, hat mein gesamtes Leben nachhaltig in Frage gestellt (Rückblickend kann ich sagen, Gott sei Dank, denn ich habe danach ganz klar gesehen, wofür ich meine wertvolle Zeit einsetzen möchte, und was ich loslassen darf)

Eine Freundin hat mir damals gesagt: "Sandra, dem Sterben liegt immer eine Magie zu Grunde". Wie recht sie hat. Denn das Sterben und der Tod setzen so viele Energien frei. Und stellen so Vieles in Frage. Es geht plötzlich um Grundsatz Fragen des eigenen Lebens - mit glasklaren Antworten aus dem tiefsten Innern. Plötzlich zeigt sich eine Erkenntnis, die einen umhauen kann. Auch hier gibt es wieder zwei Möglichkeiten: Ignorieren und verharren - oder annehmen und verändern. Doch auch das Ignorieren hilft nicht: denn die Erkenntnis, die Information, der Weg sind so glasklar im Herzen verankert - da hilft alles Leugnen nichts.

Darum kann ich sagen: ja, es stimmt. Der Tod hält eine Magie in sich. Er kann auch sehr befreiend sein. Nicht nur für den Sterbenden, sondern auch für die Zurückgebliebenen.

Wenn das Tier verstorben ist, dürfen Sie die Fenster öffnen, damit neue Energie und frische Luft herein kommen können. Symbolisch dazu können Sie sich auch vorstellen, dass die Seele so durch das offene Fenster entweichen kann.

Lassen Sie Ihr Tier nach Möglichkeit für einige Stunden liegen. Vielleicht wollen Sie es auf eine andere Decke oder ähnliches betten, denn im Moment des Todes lässt das Tier noch Urin ab. Wenn Sie möchten, können Sie Ihr verstorbenes Tier jetzt also auf eine trockene Decke oder in ein Bettchen legen.

Zünden Sie eine Kerze an, stellen Sie eine Engelsfigur auf, oder legen Sie sein Lieblingsspielzeug neben das Tier. Sie dürfen auch Blumen hinstellen, schöne Musik laufen lassen. Sie können das schön arrangieren und in Ruhe und Frieden Abschied nehmen.

Wenn es andere Tiere gibt, lassen Sie auch diese Tiere Abschied nehmen. Manche setzen oder legen sich für eine Weile neben ihr verstorbenes "Gspani" und erweisen ihm die letzte Ehre. Das sind ganz wunderbare Momente, die man einfach beobachten kann.

Vielleicht mögen Sie auch noch Fotos machen von Ihrem Tier? Ja, auch von verstorbenen Tieren darf man Fotos machen. Denn im Tod ist der tiefe Frieden zu sehen, zu spüren.

Auch hier wieder rate ich Ihnen: Wenn Sie Ihr Tier z.B. am frühen Morgen über den Regenbogen haben gehen lassen müssen: nehmen Sie sich den Tag frei! Nehmen Sie sich Zeit für sich, trauern Sie, weinen Sie. Bahren Sie das Tier auf.

Nehmen Sie Abschied. Lassen Sie alle Emotionen kommen, die bereit stehen. Blenden Sie den Alltag aus.

Und feiern Sie auch die Tatsache, dass Ihr Tier es geschafft hat. Seien Sie dankbar dafür, dass das Tier jetzt frei ist.

Und trinken Sie ruhig auch einen Schnaps auf sich selber - dass Sie es geschafft haben.

Denn die Begleitung eines sterbenden Tieres nimmt viel Zeit und Kraft in Anspruch. Sie werden vielleicht ein paar Tage nach dem Tod auch eine kleine Erleichterung feststellen, dass die Zeit der Angst, der Unsicherheit und der intensiven Pflege jetzt vorbei ist. Das ist völlig in Ordnung so, und das Gefühl darf ruhig kommen.

Seien Sie stolz auf sich selber. Seien Sie stolz auf Ihr Tier und sich selber, dass Sie diesen Weg so zusammen gegangen sind. Es ist eine zutiefst erfüllende Erfahrung, die in einem Moment voller Frieden gipfelt.

Mit verstorbenen Tieren Kontakt aufzunehmen ist immer möglich. Unabhängig vom Zeitpunkt des Todes, ob es erst kurz vorher oder schon vor längerer Zeit gestorben ist.

Manchmal möchte man noch etwas fragen, oder um Rat bitten. Verstorbene Tiere bleiben manchmal als spirituelle Helfer bei ihren Menschen, oder sie wollen deren Berater sein. Manche haben aber auch schon eine andere Aufgabe und gar keine Aufgabe, wenn sie noch für eine gewisse Zeit in der geistigen Welt bleiben wollen.

Mögliche Fragen:

- ♥ Wie hat das Tier das Sterben erlebt?
- ♥ War der Zeitpunkt richtig (bei einer Euthanasie)?
- ♥ Wie geht es dem Tier jetzt?
- ♥ Hat das Tier noch eine Botschaft für den Menschen?
- ♥ Wird das Tier den Menschen noch weiterhin begleiten?
- ♥ und natürlich auch jede andere Fragen, die Ihnen auf der Seele brennt

Sehr gerne erinnere ich mich an zwei wunderbare Abschiede von Tieren, die ich im Sterben begleitet habe.

Lexie war todkrank. Sie hatte schon Termine beim Tierarzt hinter sich, und der Befund war niederschmetternd. Der Tierarzt konnte nichts mehr für Lexie tun. Also hat die Besitzerin mich um eine Tierkommunikation gebeten. Lexie war sehr traurig, dass es anscheinend keine Behandlung mehr für sie gab. Sie bat um eine zweite Meinung, weil sie, trotz ihres hohen Alters, noch weiterleben wollte. Sie hätte sich eine Operation gewünscht, auch wenn es sich "nur" um einen Aufschub von Lebenszeit gehandelt hätte. Die Besitzerin hat dann bei einem anderen Tierarzt eine zweite Meinung eingeholt. Auch diese Diagnose fiel leider negativ aus. Alle waren zu Tode betrübt.

Nun war die Krankheit von Lexie schon so weit fortgeschritten, dass sie nicht mehr essen konnte. Während dieser letzten Tage wurde sie von mir energetisch betreut. Sei es mit Bachblüten oder Energie, um ihr den Sterbeprozess so gut es geht zu erleichtern.

Anlässlich der Tierkommunikation hatte Lexie mitgeteilt, dass sie zum Sterben die Hilfe eines Tierarztes brauchen würde.

Als die Besitzerin dann merkte, dass Lexie immer mehr an Kraft verlor, hat sie mich gebeten, den optimalen Termin für die Euthanasie auszutesten. Der Termin wurde festgelegt.

Alle aus der Familie, auch die erwachsenen Kinder mit Partner und das Enkelkind kamen noch vorbei, um sich von Lexie zu verabschieden.

Sie sassen zusammen und haben die letzten Stunden miteinander genossen. Am Tag der Euthanasie hat die Besitzerin Lexie noch auf der Terrasse herumgetragen, weil sie sich dort immer so gerne aufgehalten hatte. Es war ein letzter Rundgang, bevor Lexie zum Tierarzt gebracht wurde.

Ihre Mama und deren Tochter haben Lexie auf ihrem letzten Weg begleitet. Da sich alle in Ruhe von Lexie verabschiedet hatten - und sie dem Prozess vertrauten - waren sie alle bereit. Es gab keine Hektik, kein Zögern, (beim Schreiben dieser Worte schiessen wieder die Tränen in meine Augen...). Lexie durfte in Ruhe und Frieden im Arm ihrer Familie einschlafen. Sie war bereit, und ihre Familie war bereit.

Die Familie hatte den Tierarzt darum gebeten, Lexie noch ein letztes Mal mit nach Hause nehmen zu dürfen. Sie wurde aufgebahrt, mit Kerzen und Blumen umringt. Und nochmals kam die ganze Familie zusammen. Ein wichtiger Moment zum Abschied-Nehmen, zum Traurig sein. Noch am selben Abend wurde Lexie dann zurück in die Tierarztpraxis gebracht, wo man sich um die Kremation gekümmert hat.

Ich war zum Zeitpunkt der festgesetzten Euthanasie am Autoverlad am Warten. Ich erinnere mich sehr gut an den Moment, als ich auf die Uhr schaute und wusste: jetzt ist es soweit. Ich schickte Lexie und ihrer Familie viel Liebe und die Unterstützung der Engel. Ich war sehr traurig für sie alle.

Als ich einige Stunden später Zuhause ankam und von meinem Auto nach Hause gelaufen bin - schaute ich hoch zum Himmel. Und dort oben hatte sich ein wunderbarer Regenbogen gebildet. Auf dem höchsten

Punkt des Regenbogens sah ich Lexie. Sie winkte mir zu, hat sich durch einen Schuss grosser Liebe mitten in mein Herz verabschiedet und sich bedankt. Dann ist sie mit hoch erhobenem Schwanz, sehr glücklich und mit grosser Leichtigkeit bis zum Ende des Regenbogens spaziert.

Es war für mich ein Moment, der mich mitten ins Herz getroffen hat. Wie dankbar die Tiere sind, wenn man sich nach ihrem Wünschen richtet, und sie so gut es geht erfüllt.

***

Und dann war da Gustav. Auch er war leider schwer krank und es gab, ausser Schmerzmitteln, keine Therapie. Auch Gustav gab in seinem Sterbeprozess körperlich immer mehr und mehr ab. Es war absehbar, dass er seine Lebensenergie nicht mehr lange würde halten können. Für Gustav habe ich ausgetestet, dass er ohne Hilfe vom Tierarzt, Zuhause sterben wollte (und konnte).

Auch seine Familie hat dem Prozess vertraut und Gustav's Wunsch erfüllt. Auch wenn es ihnen am Ende manchmal schwer gefallen ist, weil sie dachten: es ist zu viel für Gustav.

Nein, tatsächlich war es nicht zu viel für Gustav. Denn ich habe auch ihn energetisch begleitet. Das bietet die Möglichkeit, dass man immer auf dem neuesten Stand ist und das Tier optimal unterstützen kann.

Zur Unterstützung habe ich auch den Menschen Bachblüten geben dürfen, damit ihnen das Annehmen der Situation und der Abschied von Gustav leichter fallen.

Denn es ist wichtig, dass auch die Menschen die Tiere loslassen und sie nicht zurückhalten wollen. Ansonsten fällt es den Tieren viel schwerer, sich loszulösen.

Gustav ist am Valentinstag in den frühen Morgenstunden im Beisein seiner Familie verstorben.

Bei ihm hat es 2, 3 Tage gedauert, bis er sich auch noch von mir verabschiedet hat. Ich war beim abendlichen Abwasch, da hat sich Gustav mir ein letztes Mal gezeigt.

Auch er stand am Anfang des Regenbogens, er hat sich jung und gesund gezeigt, voller Freude und mit grosser Dankbarkeit. Auch ihn habe ich dann über den Regenbogen laufen sehen - es war ein so wunderbarer Moment. Denn ich wusste: jetzt ist es drüben angekommen. Es hat mich tief berührt.

Welch grösseren Dank kann man bekommen, als wenn die Tiere selbst noch einmal kommen, zum tschüss sagen.

"Ich musste gehen, obwohl ich nicht bereit war" - Wenn Tiere gegen ihren Willen eingeschläfert / getötet werden

Ich erinnere mich sehr gut an den Fall von Suleika, die ein gesundheitliches Problem hatte. Es gab zwar keine vielversprechenden Heilungs-Chancen oder Therapiemöglichkeiten. Aber Suleika wollte leben und fühlte sich in ihrem Zustand gar nicht so schlecht, wie ihre Menschen das empfanden.

Ich habe mit Suleika eine Kommunikation durchgeführt, und sie sagte, dass sie gerne noch weiterleben würde. Dass sie eine gute Lebensqualität habe, und dass es keinen Grund für eine Euthanasie gebe. Auch war Suleika noch nicht sehr alt - sie wollte einfach noch leben und ihren Lebensabend in Ruhe und Frieden verbringen.

Leider haben sich ihre Menschen trotzdem für das Beenden des Lebens von Suleika entschieden.

Im Auftrag der Menschen habe ich danach mit Suleika nochmals Kontakt aufgenommen. Sie beschrieb ihren letzten Tag als traurig und schmerzvoll. Sie hatte noch bleiben wollen, und nach anderen Möglichkeiten suchen, auch wenn es Einschränkungen gegeben hätte. Sie wollte leben und sich neu orientieren. Wollte entdecken, was das Leben noch für sie bereit hielt. Aber leider hatte sie keine Wahl.

Sie hat auch gesagt, dass es tröstlich für sie war, dass viele Engel und Wesen sie im Moment des Sterbens begleitet hätten. Nein, sie hatte keine Angst zu sterben. Sie war einfach nicht bereit dafür, weil ihr Leben noch nicht zu Ende war.....

Wenn Sie Ihrem Tier vertrauen und auf Ihr Herz hören, dann finden Sie einen Weg. Immer.

Darum: Sterbebegleitung für Tiere ist gleichbedeutend mit Selbstbestimmung.

Ist es nicht das, was auch wir Menschen uns immer für unser Leben und bestimmt auf für unser Sterben wünschen? Selbstbestimmung.....

Schlusswort

Vielen Dank, dass Sie dieses Buch gekauft haben, und dass Sie sich mit dem Thema Sterbebegleitung für Tiere und dem natürlichen Sterbeprozess auseinander setzen.

Ich wünsche Ihnen den Mut, die Kraft und das Vertrauen, sich auf diesen Prozess gemeinsam mit Ihrem Tier einzulassen.

Sprechen Sie auch mit anderen Menschen darüber, verbreiten Sie das Thema. So dass möglichst viele Menschen und ihre Tiere davon profitieren können.

Von Herzen alles Gute für Sie und Ihr Tier,

Ihre Sandra Lauber